Le registre d'écrou de la Bastille de 1782 à 1789

Extrait de la Nouvelle Revue du 1er décembre 1880

A. Bégis

Alpha Editions

This edition published in 2022

ISBN : 9789357097116

Design and Setting By
Alpha Editions
www.alphaedis.com
Email - info@alphaedis.com

Contents

LE REGISTRE D'ÉCROU DE LA BASTILLE

DE 1782 A 1789[1]

Les documents qui se rapportent au château de la Bastille et à ses prisonniers n'ont pas cessé d'exciter la curiosité publique. Chacun s'y intéresse; chacun voudrait pouvoir pénétrer le mystère qui enveloppait les prisonniers, depuis leur entrée dans la forteresse jusqu'à leur sortie, et connaître exactement le régime et les traitements auxquels ils y étaient soumis.

De grandes précautions ont été prises à toutes les époques pour assurer le secret de ce qui se faisait à la Bastille; cependant il a été possible, avec le temps, de connaître en détail à peu près tout ce qui s'est passé dans cette prison tant redoutée.

À l'une des dernières réunions de la Société des *Amis des Livres*, formée entre cinquante bibliophiles parisiens, sous la présidence de M. Eugène Paillet, conseiller à la cour d'appel, il a été question d'un registre fort curieux, acquis récemment par l'un des membres de la Société dans une vente publique faite à Londres. Ce volume inédit ne nous paraît pas avoir été même signalé dans les nombreux ouvrages publiés sur la Bastille et sur ses archives: il peut être considéré comme une curiosité historique de premier ordre.

Nous avons pensé qu'il serait intéressant de le faire connaître par la description de son état matériel, et d'en reproduire littéralement, à titre de spécimen, quelques extraits portant sur des personnages ou sur des faits qui ont déjà été signalés à l'attention du public.

Avant d'arriver à ce point principal, il nous a paru nécessaire de rappeler brièvement l'origine, la destination et l'état du château de la Bastille, les formalités qui étaient remplies lors de l'entrée et de la sortie des prisonniers, enfin les précautions qui étaient prises à leur égard.

[1] Nous sommes redevables au possesseur du précieux registre dont il va être question, de cet article aussi intéressant par lui-même que curieux par les citations qui s'y trouvent.

I

Le château de la Bastille avait été construit sous Charles VI et sous Charles VII; il avait été complété de 1553 à 1559. Il servait de forteresse pour défendre ou pour commander la ville de Paris, et en même temps de prison d'État.

La façade du château présentait quatre tours vers Paris et quatre vers le faubourg Saint-Antoine. Le dessus était une plate-forme en terrasse continuée d'une tour à l'autre. Ces tours portaient les noms de la Comté, du Trésor, de la Bazinière, de la Chapelle, de la Liberté, de la Bertaudière, du Puits et du Coin. L'intérieur était divisé en cinq étages dont le dernier, voûté, était nommé la Calotte; au pied se trouvaient des cachots.

La Bastille servait de lieu de détention pour des prisonniers d'État, lesquels étaient en très petit nombre pendant les dernières années, et pour des prisonniers de police, lesquels comprenaient: des auteurs, des libraires, des colporteurs, des graveurs d'estampes satiriques ou obscènes, et même des relieurs. Ordinairement on relâchait ces derniers après quelques mois de détention. Certains prisonniers étaient maintenus à la Bastille, par l'influence de leurs familles et à leurs frais, moyennant le payement d'une pension dont le chiffre était fixé par le gouverneur.

C'était ordinairement en fiacre qu'on était conduit dans cette prison, afin d'échapper à la curiosité publique et d'éviter le scandale. Un inspecteur de police et deux hommes armés montaient dans la voiture pour tenir le prisonnier en respect. Le fiacre s'arrêtait dans l'intérieur du château, devant la porte de l'hôtel du gouverneur. Les sentinelles et les soldats des corps de garde avaient pour consigne de mettre leurs chapeaux devant leur visage, afin de ne pas voir le prisonnier; cette précaution se renouvelait à toutes les entrées, sorties, allées et venues de tous les détenus.

Le major de la Bastille et le lieutenant du roi recevaient le prisonnier, le faisaient monter avec l'exempt à l'appartement du gouverneur, et la lettre de cachet, en vertu de laquelle l'arrestation avait eu lieu, était remise par l'exempt au gouverneur qui lui en donnait une décharge. Nous reproduisons celle relative au sieur Jacquet de la Douay, espion de police, chargé de la surveillance des hommes de lettres et des libraires, lequel avait été arrêté comme s'étant intéressé dans la publication et la vente de livres prohibés.

Le sieur Jacquet, entré une première fois à la Bastille le 30 octobre 1781, en était sorti le 19 novembre 1782, pour être conduit à Charenton, puis ramené le 7 novembre 1783, pour n'en plus sortir que le 9 juillet 1789. Lors de cette seconde incarcération, il était accompagné par le sieur Le Houx, inspecteur de police, porteur d'une lettre ainsi conçue:

Monsieur le marquis de Launay,

Je vous fais cette lettre pour vous dire de recevoir dans mon château de la Bastille le sieur Jacquet et de l'y retenir jusqu'à nouvel ordre de ma part. Sur ce, je prie Dieu, Monsieur de Launay, qu'il vous ait en sa sainte garde.

Écrit à Fontainebleau, le 3 novembre 1783.

Signé: LOUIS.

Contresigné: AMELOT.

La lettre de cachet était quelquefois remplacée provisoirement par une lettre d'anticipation, en attendant celle du roi qui devait autoriser l'emprisonnement.

Le major inscrivait sur un registre le nom et la qualité du prisonnier, avec le numéro de l'appartement qu'il allait occuper; puis escorté de deux porte-clefs, il l'emmenait à la chambre qui lui était destinée. En arrivant, le détenu était invité à remettre tout ce qu'il avait dans ses poches, sa montre, ses bagues, son argent, ses papiers, ses étuis et même ses cure-dents; le major en dressait l'inventaire qu'il faisait signer par le prisonnier. Les papiers étaient réunis en un paquet que l'on cachetait avec le cachet du prisonnier auquel il était rendu. Ce paquet devait être ouvert par le magistrat chargé de l'interrogatoire.

Les noms des détenus n'étaient jamais prononcés; ils étaient désignés par le nom de la tour dans laquelle ils étaient placés, et par le numéro de leur étage. Ils pouvaient obtenir du lieutenant de police l'autorisation d'écrire à leur famille et d'en recevoir des réponses par son intermédiaire, d'avoir un domestique ou un garde-malade, et de recevoir des visites du dehors.

Pendant ces visites, le prisonnier devait rester à une certaine distance de son visiteur, afin que celui-ci ne pût pas lui remettre ni papiers, ni armes, ni instruments dont il aurait pu abuser. On prenait en outre les plus grandes précautions pour que le visiteur ne pût être vu d'aucun autre que celui qu'il venait voir.

Plusieurs prisonniers avaient été autorisés à se promener, l'un après l'autre, sous l'escorte d'un officier ou d'un porte-clefs, dans le jardin, puis sur les plates-formes des tours donnant du côté de la rue Saint-Antoine. M. Amelot décida que ces promenades n'auraient plus lieu que dans la cour du château. Cette cour formait un carré de 30 mètres sur 20; elle était entourée de murailles qui avaient plus de 30 mètres de haut, sans aucune fenêtre. C'était un large puits où le froid était insupportable pendant l'hiver et la chaleur excessive pendant l'été. Cette cour sans abri formait le seul passage pour arriver aux cuisines. Comme il fallait surtout que le prisonnier fût invisible et qu'il ne vît personne, quand il se présentait des étrangers, pendant sa promenade, il devait se réfugier dans le *cabinet*, couloir de 4 mètres de long sur 65 centimètres de large, pratiqué dans l'épaisseur d'une ancienne voûte. Au moindre soupçon de curiosité, sa promenade lui était supprimée, et il était réduit à une claustration absolue.

Les prisonniers étaient interrogés dans la salle du conseil du château, quelques jours après leur arrivée, par le lieutenant de police ou par un conseiller d'État, un maître des requêtes, un conseiller ou un commissaire du Châtelet.

Lorsqu'un prisonnier avait obtenu sa liberté, on lui rendait les effets, les valeurs et les objets qu'il avait remis en entrant. On lui présentait ensuite un registre intitulé: «Livre des sorties des prisonniers du château de la Bastille», sur lequel était inscrite une formule contenant la promesse de ne jamais révéler ce qu'il avait vu ou entendu pendant son séjour à la Bastille, et on l'invitait à la signer.

Nous reproduisons l'une de ces déclarations, signée par l'abbé Lenglet du Fresnoy, enfermé plusieurs fois à la Bastille à cause de ses écrits:

> «Étant en liberté, je promets, conformément aux ordres du Roy, de ne parler à qui que ce soit, ny en aucune manière que ce puisse être, des prisonniers ny d'autres choses concernant le château de la Bastille, qui auraient pu parvenir à ma connaissance. Je reconnais de plus que l'on m'a rendu tout l'or, l'argent, papiers et effets que j'ai apportés ou fait apporter audit château. En foy de quoi j'ai signé le présent. Fait au château royal de la Bastille, le 24 du mois de janvier 1752. Signé: l'abbé Lenglet du Fresnoy».

En marge du livre se trouve le nom de Lenglet du Fresnoy, et au-dessous cette mention: «L'ordre de sortie, contresigné d'Argenson, du 17 janvier 1752.»

Le major était chargé de la tenue des livres d'entrée et de sortie des prisonniers et du dépôt de leurs effets. Depuis 1774, le major Chevalier avait été chargé de la rédaction d'un livre secret, contenant toutes les particularités relatives à chacun des prisonniers; ce livre ne devait être communiqué qu'aux ministres. Tous les jours, le major rendait compte, par lettre, au lieutenant de police, des visites reçues, de ce qui s'y était dit et fait.

Le plus important des registres de la Bastille était de format in-folio; il était enfermé dans un carton ou portefeuille couvert en maroquin et fermant à clef. Les pages de ce registre étaient divisées en sept colonnes, dont chacune portait l'un de ces titres imprimés:

1° Noms et qualités des prisonniers;

2° Date des jours d'arrivée des prisonniers au château;

3° Noms des secrétaires d'État qui ont expédié les ordres;

4° Date de la sortie des prisonniers;

5° Noms des secrétaires d'État qui ont signé les ordres d'élargissement;

6° Causes de la détention des prisonniers;

7° Observations et remarques.

Le major remplissait de lui-même les cinq premières colonnes et la septième; quant à la sixième, il devait suivre les indications que lui donnait le ministre ou le lieutenant de police. Les observations et les remarques contenaient l'historique des faits et gestes, du caractère, de la vie, des mœurs et de la fin des prisonniers.

Ces mémoires secrets eussent été accueillis par le public avec la plus grande curiosité; il aurait trouvé là des renseignements sur beaucoup de points intéressants de notre histoire; mais ce précieux recueil ayant été porté en triomphe à l'hôtel de ville, le 14 juillet 1789, fut livré aux flammes immédiatement.

Étienne de Junca, écuyer, lieutenant du Roy à la Bastille depuis le 11 octobre 1690 jusqu'au 26 août 1705, avait tenu pendant la durée de ses fonctions un registre qu'il avait intitulé: «Mémoires ou agenda de Mr de Junca, lieutenant du Roy de la Bastille.» Ce registre se trouve parmi les manuscrits de la bibliothèque de l'Arsenal; il est relié en parchemin blanc et divisé en 4 volumes in-folio.

Le premier volume débute ainsi: «État de prisonniers qui sont envoyés par ordre du Roy à la Bastille, à commencer du mercredi 11 du mois d'octobre, que je suis entré en possession de la charge de Lieutenant du Roy en l'année 1690.»

Au verso du folio 37, se trouve cette constatation: «À la date du jeudi 18 septembre 1698, trois heures de l'après-midi, Mr de Saint-Mars, gouverneur de la Bastille, est arrivé pour sa première entrée, venant de l'île Sainte-Marguerite, ayant amené avec lui, dans sa litière, un prisonnier qu'il avait à Pignerol, dont le nom ne se dit pas, lequel on fait tenir toujours masqué, qui fut mis d'abord dans la tour de la Bazinière, en attendant la nuit, et que je conduisis ensuite moi-même, sur les neuf heures du soir, dans la troisième chambre de la tour de la Bertaudière, laquelle chambre j'avais eu soin de faire meubler de toutes choses, avant son arrivée, en ayant reçu l'ordre de Mr de Saint-Mars... En le conduisant dans ladite chambre, j'étais accompagné du sieur de Rosargues, que Mr de Saint-Mars avait amené avec lui, lequel était chargé de servir et de soigner le prisonnier, qui était nourri par le gouvernement.»

Le deuxième volume porte en tête: «État des prisonniers qui sont sortis de la Bastille, leurs noms et le temps, à commencer le 11 octobre 1690, que je suis arrivé.»

Au verso du folio 80, se trouve cette constatation: «À la date du lundi 19 novembre 1703, le prisonnier inconnu, toujours masqué d'un masque de velours noir, que Mr de Saint-Mars avait amené avec lui des îles Sainte-Marguerite, s'étant trouvé hier un peu plus mal, en sortant de la messe, il est mort aujourd'hui, sur les dix heures du soir, sans avoir eu une grande maladie. Mr Giraud, notre aumônier, le confessa hier.»

Du mardi 20 novembre 1703:

«Ce même prisonnier a été enterré à quatre heures après midi dans le cimetière de Saint-Paul, et son enterrement a coûté 40 livres.»

Ces mentions établissent avec une authenticité incontestable la détention et la mort du personnage mystérieux qui portait un masque de velours, et qui est généralement désigné sous le nom du *Masque de fer.*

II

Le registre de la Bastille acheté à Londres, dont nous allons donner la description et faire des extraits, avait été commencé le 15 mai 1782; il se termine par un article du 12 juillet 1789. Il renferme beaucoup plus de détails que celui tenu par de Junca, et il est bien plus étendu pour une période moins longue. Il constate jour par jour l'entrée et la sortie des prisonniers, avec les dates, les noms des signataires des ordres en vertu desquels le gouverneur avait agi, la date de leurs interrogatoires, des visites de leurs médecins, de leurs avocats, de leurs notaires, de leurs parents ou de leurs amis, l'entrée et la sortie de leurs correspondances, l'entrée des commissaires et des agents chargés de classer les archives de la Bastille et de surveiller la destruction des ouvrages mis au pilon, avec l'indication de la durée de chaque séance. Il contient, dans une forme précise et brève, de nombreux renseignements sur le régime des prisonniers, sur le caractère de leur détention, sur les secours qui leur étaient fournis par leur famille, sur les adoucissements apportés à leur captivité, tant par le gouverneur que par les ministres et le lieutenant-général de police, enfin la relation des troubles qui se sont produits autour de la Bastille avant le 14 juillet, et des précautions qui avaient été prises à cette occasion dans le château.

Le volume est de format in-folio; il s'ouvre par ce titre inscrit sur une feuille séparée:

«Répertoire ou Journalier du château de la Bastille à commencer le mercredi 15 mai 1782.»

Il se compose de 183 feuillets numérotés, formant 366 pages de 40 lignes environ, avec une marge sur laquelle se trouvent indiquées les dates des constatations. Il était tenu jour par jour, par l'un des officiers de la Bastille, sans doute par de Losme-Salbray, major adjoint; il renfermait les éléments de la correspondance qui devait être adressée quotidiennement au lieutenant de police. Il porte au verso du 1er feuillet, sur la marge, les signatures de Chevalier, Bailly de Gaillardon et de De Losme, apposées dans cet ordre, en face d'une constatation. Il ne contient aucune signature de prisonniers ni celle du gouverneur.

Les mentions que nous allons maintenant relever n'ont pas besoin de commentaires; elles font défiler sous nos yeux des personnages dont le nom évoque les souvenirs les plus caractéristiques du temps; vers la fin, elles évoquent les mouvements et les tumultes populaires précurseurs de la chute de la Bastille.

Le texte du registre débute ainsi:

«Cejourdhui quinze mai 1782, M. le marquis de Launay, gouverneur du château royal de la Bastille, a reçu conformément aux ordres du Roy, le sieur de Losme, en qualité d'officier adjoint à l'État-major pour en faire les fonctions dans tous les détails attachés à cette place.

«Envoyé à M. Lenoir une lettre de l'abbé Duvernet et une autre de La Coste de Mézières.

«Le 19 mai 1782, M. Lenoir est venu et a fait sortir le sieur Linquet, avocat, enfermé à la Bastille le 27 septembre 1780.

«Le 21 octobre 1782, à une heure et demie du matin, le sieur Lompré, inspecteur de police, a amené le sieur Marchand, intendant des princes de Rohan et de Guémenée, sur une lettre d'anticipation de M. Lenoir, en date du 20. M. Lenoir est venu voir le prisonnier l'après-midi.

«Le 15 février 1783, d'après ce que M. Amelot avait dit à M. le Gouverneur, M. Lenoir ayant donné une lettre relative, M. le cardinal de Rohan est venu à quatre heures et demie dans le salon du Gouvernement et est resté jusqu'à six avec le sieur Marchand, M. le Gouverneur et un officier de l'État-major présents. Le sieur Marchand avait été conduit dans une chambre du Gouvernement d'où il est venu dans le salon.

«Le 26 février, à midi, M. le cardinal de Rohan est venu et est resté jusqu'à une heure dans le salon du Gouvernement avec le sieur Marchand.

«Le 12 décembre 1785, à six heures du soir, le sieur Surbois, inspecteur de police, est venu chercher le sieur Marchand avec un ordre du Roy, contresigné Baron de Breteuil, pour sa liberté; néanmoins ledit inspecteur l'a conduit aux Minimes de la place Royale où ledit sieur Marchand doit être gardé par un homme affidé de la maison de Rohan et un commis pour y travailler à rendre ses comptes.

«Le 19 novembre 1782, à neuf heures du matin.—Le sieur Lehoux, inspecteur de police, est venu chercher le sieur Jaquet de la Douay pour le conduire chez les frères de Charenton; avant de sortir, il a feint de vouloir se tuer en se donnant un coup avec un goulot de bouteille qui était même très uni.

«Le 7 novembre 1783.—Le sieur Jaquet a été amené de Charenton à midi par le sieur Lehoux, inspecteur de police, sur un ordre du roy du 3 novembre 1783, contresigné Amelot.

«Écrit tout de suite à M. Amelot et à M. Lenoir pour leur rendre compte de l'arrivée de ce prisonnier.

«Le 9 juillet 1789.—Le commissaire Chenon est venu à une heure, et il a dressé procès-verbal de la remise de tous les effets au sieur Jaquet, par lequel ce prisonnier a reconnu les avoir reçus et en décharge M. le gouverneur et tous autres, réservant ledit prisonnier la répétition d'une somme de 4,040 fr. qui ont été remis antérieurement par ordre de M. le commissaire Chenon à une personne quelconque. M. le gouverneur a mis dans les lettres des magistrats le reçu que lui a donné ledit commissaire Chenon père.

«À onze heures du soir, le sieur Jaquet a été mis en liberté sur la lettre de cachet datée du 5, contresignée de M. Villedeuil. Le sieur Vosgien s'en est chargé pour le conduire à la diligence de Bezançon: il est exilé à Lons-le-Saulnier, son pays.

«Informé et rendu compte au magistrat et au ministre de cette sortie.

«Le 28 février 1784.—Le sieur Surbois, inspecteur de police, a amené de Vincennes, à dix heures et demie du soir, le sieur comte de Solages. L'ordre du roy, contresigné de Breteuil, est daté du 31 janvier: il est logé à la quatrième Bertaudière.

«Le 29 février 1784, à deux heures du matin.—Le sieur Surbois, inspecteur de police, a amené le sieur de Whyte. L'ordre du roy, contresigné de Breteuil, est daté du 31 janvier. Il est logé à la deuxième Bertaudière. Le sieur de Whyte est fou, et par cette raison on a fait signer son entrée par l'inspecteur de police qui l'a conduit.

«Envoyé une lettre à M. le baron de Breteuil et à M. Lenoir, pour leur rendre compte de l'arrivée du sieur comte de Solages.

«Envoyé à M. le baron de Breteuil et à M. Lenoir lettres pour leur rendre compte de l'arrivée du sieur de Whyte.

«Le 23 avril 1787.—Le sieur Pyat, commissaire des Guerres, m'ayant apporté 700 livres pour le quartier du courant de la pension et entretien du sieur comte de Solages, je lui ai donné mon reçu de ladite somme au nom de M. Bosquet, motivé suivant l'usage pour le compte de M. le gouverneur, pour causes à eux connues, et à M. le lieutenant général de police, à imputer jusqu'au dernier juin prochain.

«Remis les 700 livres tout de suite à M. le gouverneur en trois billets rouges.

«Le 4 avril 1789.—Remis à M. le gouverneur 700 livres pour les trois mois courants de la pension du comte de Solages, dont j'ai donné le reçu motivé suivant l'usage pour causes à lui connues et à M. le lieutenant général de police.

«Le 14 août 1788.—Le sieur Girard, notaire, et Argent, procureur, sont venus pour recevoir une procuration du sieur de Whyte, qui ne les a pas voulu écouter, ainsi que son état de folie perpétuelle indiquait qu'il devait faire.

«16 février 1789.—À une heure et demie, est venu M. Angrand d'Alleray, lieutenant civil, avec le greffier Rousseau; il a interrogé le sieur de Whyte de Malleville, et ayant fait dresser un procès-verbal de ses réponses, il a fait signer MM. les gouverneur et major de leur dire que ce prisonnier était toujours dans le même état de délire, et que des papiers qu'ils lui ont remis étaient de son écriture.

«Le 29 février 1784.—Le sieur Surbois, inspecteur de police, a amené de Vincennes, à neuf heures du soir, le sieur marquis de Sade. L'ordre de roy, contresigné de Breteuil, est daté du 31 janvier: il est logé à la deuxième Liberté.

«Le 1er mars, rendu compte au ministre et à M. Lenoir de l'arrivée du prisonnier.

«Le 5 mars.—M. Lenoir est venu à midi; il est resté jusqu'à une heure et demie; il a vu le sieur comte de Chavaigne et le sieur marquis de Sade.

«Le 16 mars.—Mme la marquise de Sade est venue à quatre heures, est restée jusqu'à sept avec le sieur marquis son mari, sur une permission de M. Lenoir, datée de ce jour, pour voir son mari deux fois par mois; elle doit revenir le 27; elle lui a apporté six livres de bougie.

«Le 14 avril.—M. le gouverneur a trouvé bon qu'on laissât au sieur marquis de Sade un couteau rond pour dîner, lequel couteau il remettra tous les jours quand on ira le desservir.

«Le 20 avril.—Le sieur Girard, notaire, est venu pour faire signer une procuration au sieur marquis de Sade, qui a refusé de donner sa signature.

«Le 24 mai 1784.—La dame marquise de Sade est venue à trois heures et demie et est restée jusqu'à six heures avec le sieur marquis de Sade, son mari. Elle lui a apporté une paire de draps, dix-neuf cahiers de papier, une demi-livre de pâte de guimauve, une bouteille d'encre et une bouteille d'orgeat, et une boîte de pastilles de chocolat.

«Le 7 juin.—La marquise de Sade est venue à quatre heures et a été jusqu'à six avec le sieur marquis de Sade, son mari. Elle lui a apporté six coeffes de bonnet, six grosses plumes taillées, six de coq et vingt et un cahiers de papier réglé, et aussi elle lui a apporté, mais pour rendre, deux comédies brochées et trois volumes reliés de relations de voyages à Maroc, et de voyages pour la rédemption des captifs.

«Le 24 septembre.—Donné à M. le président de Montreuil un reçu (toujours motivé pour causes à lui connues et à M. Lenoir) de 350 livres pour 1 mois et 23 jours de la pension du sieur marquis de Sade, à imputer jusqu'au 1er octobre.

«M. le Gouverneur a touché cet argent.

«Le 5 octobre 1786.—Les sieurs Gibert l'aîné et Girard, notaires, sont venus pour faire signer une procuration au sieur de Sade, suivant le désir de sa famille, ce qu'il a refusé de faire.

«Le 20 janvier 1787.—Écrit à Mme la marquise de Sade pour la prier, de la part de M. le gouverneur, d'envoyer une pièce de vin, pareil à celui dont elle boit, pour le sieur marquis de Sade, son mari, sous condition expresse d'en payer le prix, et que cette condescendance est pour faire chose agréable audit sieur marquis de Sade et pour satisfaire au désir qu'il a de boire d'un vin auquel il était accoutumé. M. le lieutenant du roy était présent à l'invitation que M. le gouverneur m'a faite d'écrire cette lettre.

«Le 8 juillet 1788.—Remis à M. le gouverneur 600 livres pour le quartier courant de la pension du sieur comte de Sade, dont j'ai donné reçu à M. le président de Montreuil, motivé, suivant l'usage, pour causes à lui connues et à M. le lieutenant général de police.

«Le 28 mai 1789.—Remis à M. Coquerel le reçu de 600 livres pour le quartier courant de la pension de M. de Sade, d'après la volonté de M. le gouverneur, lequel reçu il doit toucher chez M. Gibert l'aîné, notaire, cloître Sainte-Opportune; il est motivé suivant l'usage.

«Le 5 juin 1789.—La promenade du comte de Sade étant suspendue jusqu'à nouvel ordre, le prisonnier n'ayant pas voulu tenir compte de la signification par écrit que le major lui en a envoyée, il a voulu forcer les sentinelles de sa porte et du pied de la tour, qui l'ont obligé de rentrer dans sa chambre en lui montrant le bout du fusil d'un peu près.

«Le 15 juin.—Le sieur comte de Sade a eu la visite de la dame son épouse.

«Le 2 juillet 1789.—Le comte de Sade a crié par sa fenêtre, à diverses reprises, qu'on égorgeait les prisonniers de la Bastille et qu'il fallait venir le délivrer.

«Le 4 juillet.—À une heure du matin, d'après le compte qui avait été rendu à M. de Villedeuil, de la scène du sieur comte de Sade, du 2, il a été conduit à Charenton par le sieur Quidor, inspecteur de police, et le commissaire Chenon a mis les scellés sur sa chambre.

«Le 11 juillet 1784.—À trois heures du matin, le sieur Lafitte de Pelport[2] a été amené par le sieur de Longpré, inspecteur, sur une lettre d'anticipation de M. Lenoir, datée du 10.

[2] Le marquis de Pelleport (Anne-Gédéon de Laffite), auteur du *Diable dans un bénitier.*

«Le 3 octobre 1788.—Le sieur Pelport a été mis en liberté à une heure et demie, sur une lettre de cachet contresignée Laurent de Villedeuil, en date du 1er de ce mois. Le sieur....., inspecteur de police, lui a fait signer une soumission d'être toujours à trente lieues de Paris.

«Rendu compte et informé le ministre et le commissaire du roy de la sortie de ce prisonnier.

«Le 12 juillet 1784.—Le sieur Henry, inspecteur de police, a amené, à une heure et demie du matin, le sieur Brissot de Warville[3], sur une lettre d'anticipation de M. Lenoir du 1er juillet 1784.

[3] Brissot de Varville, avocat, accusé d'avoir composé des libelles.

«Le 10 septembre 1784.—Le sieur Brissot de Warville a été mis en liberté à une heure trois quarts après midi, sur l'ordre du roy, contresigné baron de Breteuil, en date du 5 de ce mois.

«Le 16 août 1785.—Après quatre heures, lettre de M. le baron de Breteuil, qui mande M. le gouverneur pour lui venir parler tout de suite. M. le lieutenant du roy y a été en son absence.

«À onze heures et demie du soir, M. le cardinal de Rohan, grand aumônier, évêque de Strasbourg, commandeur des ordres du roy, a été amené au château par M. le comte d'Agoult, premier aide-major-général des gardes du corps. M. le marquis de Launay, gouverneur, avait été au parloir du cardinal le chercher, et l'a amené dans sa voiture, ainsi que M. d'Agoult. Le lieutenant du roy, M. le chevalier de Saint-Sauveur, a cédé son appartement pour cette nuit et pour donner le temps de meubler l'appartement du premier.

«Le 17 août.—À une heure du matin, deux valets de chambre de M. le cardinal sont arrivés avec des paquets; lesdits valets de chambre ont couché chacun dans un cabinet de l'appartement; ils sont enfermés, ainsi que leur maître, sous clefs: ils s'appellent Brandner et Screibert.

«À huit heures du matin, M. le baron de Breteuil et M. de Crosne sont venus et ont passé une demi-heure dans la chambre de M. le cardinal.

«À onze heures, le gouverneur a amené dans sa voiture M. le cardinal. Ils sont rentrés au château à huit heures et demie.

«Le 18 août.—S. A. Mgr le prince de Condé est venu à onze heures et demie; il a été un quart d'heure dans l'appartement de M. le cardinal de Rohan. M. le gouverneur a été présent à la visite. L'usage ancien voulait que le prince du sang restât dans sa voiture et qu'on lui amenât le prisonnier; mais il a demandé à le voir comme parent, et même il était mis sur la liste que M. le baron de Breteuil a dictée à M. le gouverneur.

«M. de Crosne est venu à sept heures et demie avec M. de la Chapelle, premier commis de la maison du Roy; ils ont été jusqu'à près de neuf heures chez M. le cardinal; M. le gouverneur était présent.

«Dans le courant de la journée, M. le cardinal a reçu dans son appartement le sieur Travers, son chirurgien Racle le matin et le soir, Carbonnière, MM. l'abbé Georgel, l'abbé de Villefon et l'abbé Bidot, Cotte valet de chambre, les princes Ferdinand Montbazon, la princesse et les princes de Soubise et Charles de Rohan.

«Le 19 août.—M. le gouverneur est sorti à neuf heures et demie avec M. le cardinal qui a monté dans sa voiture. Ils ont été à Versailles et sont revenus à deux heures un quart. Le gouverneur s'est servi de ses chevaux et avait demandé des chevaux de poste qui l'ont attendu à la place Louis XV.

«Le 20 août.—Le sieur Surbois, inspecteur de police, a amené à quatre heures du matin la dame comtesse de la Motte de la Penissière. Cette dame est dans son nom de demoiselle Valois, descendante de la maison royale par bâtardise, à ce que l'on dit, et a été aidée dans sa jeunesse, ainsi que ses frère et sœur, d'après cette prétention. Elle a été logée à la 3e Comté.

«Le 20 août, à dix heures et demie, le sieur Longpré, inspecteur de police, a conduit au château le sieur baron de Planta. On l'a logé à la 3e de la tour Bazinière par ordre du Roy, contresigné du baron de Breteuil, en date du 18 de ce mois. L'abbé Georgel l'a vu descendre de voiture dans la cour du gouvernement, n'ayant pas pu faire entrer la voiture à cause des croisées de M. le cardinal sur la cour. Le gouverneur lui a demandé sa parole d'honneur de n'en pas parler à M. le cardinal.

«M. le comte de Vergennes et M. le maréchal de Castries sont venus à onze heures et demie et sont restés jusqu'à trois heures seuls dans l'appartement de M. le cardinal de Rohan. Ils avaient un ordre du Roy, contresigné baron de Breteuil, pour le voir ce jour, 20 août, et M. le baron de Breteuil avait donné l'ordre verbal à M. le gouverneur de laisser les ministres seuls avec le prisonnier. Ces Messieurs ont monté voir une chambre de prisonnier; ils ont vu la 2e du Coin et ont monté sur les tours.

«M. de Crosne est venu à huit heures avec le commissaire Chenon et ils ont travaillé dans la salle du Conseil avec la comtesse de La Motte, jusqu'à trois heures du matin.

«Le 22 août, à une heure du matin, est entré au château, de la Porte, avocat, conduit par le sieur Quidor, inspecteur de police, sur l'ordre du Roy, contresigné baron de Breteuil, en date du 21 de ce mois, logé à la 4e du Puits.

«À six heures et demie du matin, le sieur Grenier, orfèvre, a été conduit au château par le sieur Quidor, inspecteur de police, sur l'ordre du Roy, contresigné baron de Breteuil, en date du 21 de ce mois, logé à la 4e du Coin.

«Le 23.—Le sieur des Brugnières, inspecteur de police, a conduit au château le sieur comte de Cagliostro, à huit heures du matin, sur une lettre de cachet contresignée baron de Breteuil, en date du 21, logé à la Calotte Comté.

«À dix heures du matin, le sieur des Brugnières, inspecteur de police, a amené la dame comtesse de Cagliostro, sur une lettre de cachet contresignée baron de Breteuil, en date du 21, logée à la 4e Liberté.

«Le 24.—À deux heures et demie du matin, le sieur Surbois, inspecteur, a conduit au château la dame de la Motte de Latour; elle a été logée à la 1re du Puits.

«Le 26.—MM. de Vergennes, de Castries et de Breteuil sont venus avant midi et sont restés jusqu'à plus de midi et demie avec M. le cardinal dans sa chambre.

«Le 27, à neuf heures et demie du matin, le sieur Quidor, inspecteur de police, a conduit au château la nommée Madelaine Brissault, dite Rosalie.

«Le 27.—Le sieur Laporte a été mis en liberté, cejourd'hui, sur une lettre de cachet contresignée baron de Breteuil, en date du 24 de ce mois.

«Le 29.—Sur l'apparence de désespoir et des propos tenus par le sieur Cagliostro, écrit à M. de Crosne que ce prisonnier demandait un garde qui pût le désennuyer et l'empêcher d'effectuer ses idées noires. M. de Crosne a écrit à M. le gouverneur de mettre auprès de lui un bas officier, doux, exact et ferme, ce qui a été exécuté à dix heures du soir.

«1er septembre 1785.—Le commissaire Chenon est venu demander de l'écriture des différents prisonniers arrêtés à l'occasion de l'affaire de M. le cardinal de Rohan et en a emporté.

«Le 2 septembre, à huit heures et demie du matin, le sieur Grenier a été mis en liberté sur une lettre d'anticipation et en présence de M. de Crosne.

«Le 4 novembre, à huit heures du soir, le sieur Quidor, inspecteur de police, ayant un ordre de M. le comte de Vergennes, a conduit le sieur de Beaussire et la demoiselle Leguay, dite d'Oliva.

«Rendu compte et informé M. le baron de Breteuil et M. de Crosne de l'arrivée des deux prisonniers;

«Lettre d'anticipation de M. de Crosne, datée du 3, pour recevoir les deux prisonniers ci-dessus.

«Le 12 septembre.—Reçu les deux lettres de cachet pour l'entrée de dame Leguay dite d'Oliva et du sieur Toussaint de Beaussire, contresignées Gravier de Vergennes.

«Le 29 septembre.—Le sieur Regnault est venu à quatre heures et a emmené au Palais la dame d'Oliva, l'a remenée à sept heures et demie. Il lui avait préalablement fait une signification. On a donné Foin, bas officier, pour escorte.

«11 janvier 1786.—À midi et demi a été faite à M. le cardinal de Rohan la signification de son décret de prise de corps; à cinq heures, M. Titon, commissaire du Parlement, et le sieur Fremyn, greffier, sont venus pour commencer les interrogatoires.

«Le 16 janvier.—La dame Leguay dite d'Oliva, se trouvant grosse de cinq mois et dans le cas de passer les grands remèdes, il lui a été donné hier la nommée Catherine pour garde et la soigner.

«Le 19 janvier.—Le décret de la dame d'Oliva lui a été signifié à une heure et demie par le sieur Sergent, huissier au Parlement. À cinq heures, M. Titon, rapporteur de l'affaire et son greffier étant arrivés, la dame d'Oliva a subi son interrogatoire jusqu'à huit heures.

«Le 20 janvier.—M. Titon, avec son greffier, a interrogé la dame de Valois de la Motte, depuis cinq heures jusqu'à neuf. La signification du décret a été faite ce matin à onze heures et demie.

«Le 30 janvier.—Le décret du sieur comte de Cagliostro a été signifié à une heure.

«Le 11 mars 1786.—Le sieur Toussaint de Beaussire a été mis en liberté de ce château à huit heures et demie du matin, sur un ordre du Roy contresigné baron de Breteuil, du 4 février. Il a été remis au nommé Grandmaison, envoyé par le sieur Quidor, inspecteur de police, pour le conduire à une maison de force du faubourg Saint-Antoine.

«Le 24 mars.—Depuis neuf heures jusqu'à une, M. Dupuy de Marcé avec Fremyn greffier a confronté la dame de la Motte avec le sieur comte de Valbonne et affronté les dames de la Motte et d'Oliva. À quatre heures, la dame de la Motte a été confrontée au sieur Desclou ainsi que M. le cardinal ensuite et la demoiselle d'Oliva: la dame de la Motte a été confrontée avec Mme la comtesse Dubarry, et M. le cardinal a été après confronté avec la dame d'Oliva. La séance a fini à neuf heures et demie.

«Le 26 mars.—La dame Cagliostro a été mise en liberté à dix heures du matin, sur une lettre de cachet datée du 25, contresignée baron de Breteuil.

«Le 4 mai.—Les sieurs Thilorier et Bosquillon sont venus dîner avec le sieur Cagliostro.

«Le 12 mai, à minuit et demi, la dame d'Oliva s'étant trouvée indisposée, Lecoq, chirurgien-major a été réveillé, et jugeant qu'elle allait accoucher, on a envoyé chercher la matrone Choppin. La dame d'Oliva est accouchée à quatre heures du matin d'un garçon.

«Le 13 mai, à huit heures et demie du soir, le fils de la dame Oliva a été baptisé à Saint-Paul, sous le nom de Jean-Baptiste-Toussaint Beaussire. Le parrain et la marraine, deux pauvres. Le sieur Robin, tuteur de la dame d'Oliva, la femme Choppin, sage-femme, et la veuve Richard pour porter l'enfant, ont été à la paroisse.

«Le 29 mai 1786.—À dix heures du soir, les sieurs Sergent et Regnault, huissiers du Parlement, sont venus chercher le sieur Retaux de Villette pour le conduire à la Conciergerie.

«À onze heures, les mêmes sont revenus prendre la dame d'Oliva pour la conduire aussi à la Conciergerie avec son enfant et la garde.

«À minuit passé, les mêmes sont revenus prendre la dame de la Motte, pour la conduire aussi à la Conciergerie.

«Le 30 mai.—À quatre heures du matin lesdits sieurs Sergent et Regnault, huissiers du Parlement, sont venus chercher le sieur Cagliostro pour le conduire au Palais.

«À six heures, M. le gouverneur et M. le lieutenant du roy ont accompagné M. le cardinal de Rohan au Palais; ils y doivent passer la journée dans le cabinet du sieur Lebret, greffier en chef, qui l'a prêté pour que M. le cardinal fût dans un lieu propre et à portée de la salle d'audience où il devait se rendre à la première invitation.

«Le 30.—À six heures et demie, le sieur Cagliostro a été ramené par les mêmes huissiers Sergent et Regnault.

«À sept heures, M. le cardinal est revenu: il avait un grand habit violet. Après avoir parlé un moment au Palais, il a été invité à s'asseoir, ce qu'il a fait, et cette invitation, dit-on, n'a pas d'exemple.

«Le 31 mai.—À cinq heures, M. le cardinal de Rohan a été accompagné par M. le gouverneur et M. le lieutenant du roy au Palais, ainsi qu'il avait été fait le 30.

«À six heures et demie, le sieur Sergent, huissier du Parlement, est venu chercher le sieur Cagliostro pour le conduire au Parlement.

«Le sieur Cagliostro a été ramené par l'huissier Sergent à sept heures.

«M. le cardinal est rentré à plus de dix heures étant déchargé purement et simplement d'accusation.

«Le 1er juin.—À dix heures, M. le cardinal de Rohan a été mis en liberté, sur une lettre de M. le baron de Breteuil en date du même jour. Il est sorti avec M. le prince de Montbazon, son frère.

«Brandner, Screibert et Liegeurs, valets de chambre, sont sortis en même temps.

«À onze heures, le sieur Cagliostro a été mis en liberté sur la même lettre ci-dessus de M. le baron de Breteuil, et il lui a été remis les effets restés de sa femme, sur son reçu mis au bas d'un procès verbal qu'en a fait le commissaire Chenon fils.

«Rendu compte et informé tout de suite M. le baron de Breteuil et M. de Crosne.

«Le 2 juin.—Remis au sieur Hubert fils, greffier, concierge du Palais, les hardes et linges de la dame de Valois de Lamotte qui étaient peu considérables, en ayant préalablement fait le détail au bas de la lettre de ladite dame qui les demandait, et fait mettre au bas dudit détail le reçu dudit sieur Hubert.

«La dame de Lamotte n'avait emporté lors de son transport à la Conciergerie que ce qu'elle avait sur elle.

«Le 15 juillet 1788.—Depuis trois heures du matin jusqu'à sept, il a été conduit au château les sieurs de Montluc, de la Rouerie, de Châtillon, de Metumières, de la Peronière, de la Fruglaye, de Tremergat, de Carné, de Guer, de Bédé, de Bec de Lièvre, de Cice, chacun par un officier major de la garde de Paris et un inspecteur de police. Ils ont été reçus sur des lettres de cachet contresignées de M. le baron de Breteuil. Ces douze gentilshommes bretons avaient été chargés par la noblesse de Bretagne de présenter au roi un mémoire sur des réformes à faire.

«Remis des paquets de linges et hardes à plusieurs des prisonniers gentilshommes bretons qui leur ont été envoyés.

«M. de Crosne qui a visité les douze gentilshommes a reçu d'eux différentes lettres: il a dit de leur donner plumes, encre, papier, couteaux, ciseaux, montres, promenades, en un mot de faire pour eux tout ce qui était possible. Il a trouvé bon que trois de ces Messieurs, qui avaient leurs domestiques, les gardassent.

«Le 18.—À quatre heures et demie après midi, remis à chacun de Messieurs les gentilshommes bretons une lettre de Messieurs les États de Bretagne, envoyée par M. de Crosne.

«Le 28.—M. de la Fruglaye le fils ayant obtenu la permission de venir s'enfermer avec monsieur son père, il y a eu un combat de tendresse qui a fini par l'ordre qu'a donné le père au fils, auquel il a fallu obéir, de s'en retourner ou de rester à Paris.

«Le 21 août.—Il a été loué un billard qui a été mis dans la chambre du major pour l'amusement de Messieurs les gentilshommes bretons.

«Le 12 septembre.—M. de la Fruglaye a eu la visite de son fils à qui M. le gouverneur a permis de dîner avec son père et les cinq autres de ces Messieurs qui formaient la table.

«À huit heures et demie, tous Messieurs les Bretons étaient en liberté.

«Rendu compte au ministère et informé le commissaire du roi de leur sortie.

«Le 19 mai 1783.—M. Martin est venu à huit heures du matin; il avait fait avertir les sieurs Cazin et Cornu qui ont reconnu les différents livres et autres imprimés qui étaient au dépôt des saisies, envoyés par ordre des ministres. On a employé une vingtaine de bas officiers pour déchirer. M. Lenoir est venu vers midi et a ordonné qu'il serait gardé un certain nombre d'exemplaires de certains ouvrages, lesquels seraient mis au dépôt ordinaire.

«Condamné d'autres à être déchirés.

«25 mai.—Les sieurs Cazin et Cornu sont venus travailler la matinée à l'arrangement des livres réservés du pilon. M. Martin est venu passer deux heures.

«Le 14 juin.—M. Martin et le sieur Cazin sont venus travailler toute la journée au pilon; ils ont occupé toute la journée deux bas officiers.

«M. Martin a retiré de l'armoire du premier cinq paquets qu'il a mis sous cachet ledit jour dans le dépôt des livres.

«25 juillet 1785.—M. le gouverneur a envoyé à M. Lenoir deux paquets de livres qui étaient étiquetés pour MM. d'Amoury et Cardonne, d'après la lettre de M. Lenoir du 23 qui demandait deux exemplaires de chaque livre du dépôt, pour être donnés à M. de la Michodière, beau-père de M. de Crosne.

«Le 21 mars 1786.—À sept heures et demie du matin, le nommé Chambon, commissionnaire de livres, a été amené par le sieur Henry, inspecteur de police.

«À deux heures, le sieur Henry a amené le nommé Point Dupré et une charrette remplie d'imprimés et d'une imprimerie.

«Le 22 avril 1786.—À deux heures, le sieur Henry, inspecteur, a apporté des ballots de brochures qui ont été mis au dépôt des livres et dont 834 cahiers du rideau levé, 7 cahiers du recueil, 44 de la gazette noire. Il y avait 14 exemplaires de brochés qui ont été remis par le sieur Henry à M. de Crosne.

«Le 16 mai 1787.—Les papiers concernant M. de Vendosme qui étaient au château par suite du sieur chevalier d'Hauterive, ont été donnés en communication par ordre du ministre au sieur Bejot, garde des manuscrits de la Bibliothèque du roy; présence du sieur Bouyn, employé aux archives du château; ils m'ont fait la reconnaissance et mis en ordre dans une des pièces du gouverneur, afin de demander au ministre un ordre pour en exporter à la Bibliothèque du roy ce qu'ils en estiment mériter la peine.

«24 mai.—Remis à M. Bejot, conjointement avec M. Bouyn, par M. le Gouverneur, deux malles de manuscrits, lettres, etc., concernant M. le duc de Vendosme, qui étaient restés au dépôt de la Bastille après la mort du chevalier de Bellerive, son fils naturel, pour être portés au dépôt de la Bibliothèque du Roy, par l'ordre de M. le baron de Breteuil du 19 de ce mois. Il y a eu, suivant l'ordre de ce ministre un procès-verbal fait double et signé des trois dénommés ci-dessus, dont l'un est envoyé par M. Bouyn au ministre et l'autre est resté pour la décharge de l'État-major.

«Le 18 avril 1789.—M. Mesurier, porteur d'une lettre de M. le comte de Puysegur, ministre de la guerre, et M. d'Angenoux, colonel d'artillerie, dont il a laissé copie signée de lui, a fait apporter des sabres, fusils, pistolets, lances, pertuisanes; le tout a été mis à la 2e Bazinière.

«Le 19 avril.—M. le Gouverneur a donné l'ordre que tous les travailleurs de la compagnie de bas-officiers rentrent dans le jour dans la caserne; précautions prises relativement aux grands attroupements que l'élection des députés aux États généraux occasionnera.

«Le 27 avril 1789.—Des ouvriers du faubourg Saint-Antoine se sont attroupés en grand nombre, pour punir, disaient-ils, un nommé Reveillon, marchand de papier et meubles, et un nommé Henriot, salpêtrier, de propos méprisants qu'ils avaient tenus à l'assemblée du Tiers État sur le compte des ouvriers dudit faubourg.

«Ils ont dévalisé la maison du sieur Henriot, parquets, glaces, lambris, enfin tous meubles, et les ont brûlés dans la place du marché du faubourg. Les gardes françaises sont venus sur la fin, en ont été spectateurs et tout le monde s'est retiré vers onze heures du soir.

«Le 28.—L'émeute de la veille ayant paru apaisée, il n'y a point été mis de gardes au faubourg; lesdits ouvriers se sont rattroupés, accrus de gens des autres faubourgs, armés de gros bâtons, perches, fers, etc.

«Sur le midi.—Les troupes sont venues, soit gardes françaises, soit détachements du régiment Royal Cravate qui était par précaution depuis quelques jours à Charenton; leur trop petit nombre a été cause qu'ils ont été obligés de gagner le haut du faubourg, et les brigands ont déménagé la maison de Réveillon et ont brûlé le tout comme ils avaient fait la veille. Un renfort de troupes arrivé, on a foncé et tiré dessus les révoltés; il y en a eu deux ou trois cents de tués ou blessés ou arrêtés, et ils ont quitté le faubourg vers six heures, en s'en allant par bandes de huit à vingt.

«Ils entraient dans les boutiques de vitriers ou les fesaient ouvrir et emportaient tous les comestibles et quelquefois même l'argent du comptoir et autres choses. Cela a duré jusqu'à près de deux heures.

«Le 29.—Dès six heures du matin, corps de troupes respectable dans le faubourg, deux pièces de canons en patrouille jusqu'aux environs de la place Royale.

«À six heures du soir, il a été exécuté, pendu deux hommes de l'émeute; il y avait une escorte à leur charrette, du guet à pied, à cheval, maréchaussée en robe courte; et le faubourg Saint-Antoine était gardé par les Suisses, gardes françaises, des détachements de Royal Cravate, de Bourgogne cavalerie et de toutes les maréchaussées et guet possible.

«Le 30.—A été tranquille.

«Le 1er mai.—À quatre heures du matin est arrivé au château le sieur Reveillon, sur un ordre du roy, contresigné de Villedeuil: il a été logé à la 3me Comté. Ce prisonnier a demandé de l'être pour sa sûreté.

«Plusieurs personnes dénommées peuvent voir la 3me Comté sans la présence d'officiers majors. Il peut aussi recevoir des lettres et en écrire sans aucune précaution ordinaire.

«Le 3.—Le chevalier du Puget, lieutenant du roy de ce château, a eu lettres de M. le duc du Châtelet commandant à Paris pour commander à la sûreté des poudres à l'Arsenal.

«Le 22 mai.—M. de Villedeuil est venu à cinq heures et demie et est resté demi-heure au gouvernement avec la 3me Comté.

«À deux heures, il y a eu, à la place de l'entrée du faubourg Saint-Antoine, un homme de pendu et cinq fouettés et marqués et au carcan, par suite de l'émeute du mois précédent dans ledit faubourg: il y avait des gardes françaises, des Suisses, de la cavalerie et des hussards qui entouraient la place de l'exécution.

«Les 26, 27 et 28.—Le sieur Réveillon a eu beaucoup de visites ainsi que depuis son arrivée; il a vu souvent le commissaire Lerat, le sieur Abeille, secrétaire du commerce, le sieur Jacmart, le sieur Dumoulin, maître maçon, la dame Jacmart, la dame Abeille et son fils, l'abbé Morellet, l'avocat Tronson du Coudray, M. le président de Gourgues, deux fois le sieur Pontcarré, secrétaire du ministre, le sieur Duval fils, de la police, le sieur Couché, secrétaire de M. de Crosne, le sieur Noroy, de la manufacture des glaces, le sieur Renouf, procureur au Châtelet, le sieur Lachaume, etc.

«Le 28.—À neuf heures du soir, le sieur Reveillon est sorti du château; il y avait, avec l'ordre pour son entrée, celui de sa sortie, contresigné de M. de Villedeuil.

«Le 29.—M. de Crosne est venu avec un conseiller au Parlement, voir le château, conduit par M. le Gouverneur; ils ont monté sur les tours.

«Le 1er juillet.—Un sergent et douze bas-officiers sont arrivés de l'hôtel pour supplément de notre garde.

«Le 7.—À quatre heures du matin, est arrivé un détachement de Salis Samade Suisse, composé de trente hommes et un lieutenant nommé M. Deflue, pour renforcer la garnison de ce château.»

Nous n'avons fait que copier. N'est-ce pas de l'histoire écrite au jour le jour, par une plume qui ne savait rien du lendemain?

III

La dernière page du registre ne contient que ces deux mentions:

«Juillet 1789.—Les 10 et 11. Envoyé à M. de la Mornière chaque jour une lettre de M. de la Corrège.

«Le 12.—Le sieur La Corrège a eu la visite de la fille Geneviève Chevalier.»

Les troubles qui s'étaient déjà produits dans les rues de Paris et les attroupements nombreux qui stationnaient sur la place de la Bastille avaient interrompu les correspondances et les visites.

Le 14 juillet, à cinq heures du soir, la Bastille était prise par le peuple et ses prisonniers délivrés. Il ne restait alors dans cette prison que sept personnes:

1° Jean Bechade la Barte, employé;

2° Bernard Laroche, âgé de 18 ans, employé;

3° Jean La Corrège, employé;

4° Jean Antoine Pujade, négociant;

Tous quatre enfermés au mois de janvier 1787 et accusés d'avoir fabriqué de fausses lettres de change.

5° Le comte de Solages, enfermé en 1782, à Vincennes, sur la demande de son père, pour cause de dissipation et de mauvaise conduite, et transféré à la Bastille le 28 février 1784;

6° Tavernier, accusé de complot contre la vie du roi, enfermé d'abord pendant dix ans aux îles Sainte-Marguerite, puis transféré à la Bastille le 4 août 1759; il était en état de délire. Il fut placé à Charenton peu de temps après sa sortie de la Bastille;

7° Le comte de Whyte de Malleville, enfermé d'abord au château de Vincennes, puis transféré à la Bastille le 29 février 1784. Il était ordinairement en état de délire depuis plusieurs années: il fut aussi placé à Charenton quelques jours après sa sortie de la Bastille.

Paris.—Typographie Georges Chamerot, 19, rue des Saints-Pères.—10429.

www.ingramcontent.com/pod-product-compliance
Lightning Source LLC
Chambersburg PA
CBHW050027170726
48282CB00025B/581